S. Gelbhaus

Mittelhochdeutsche Dichtung in ihrer Beziehung zur biblisch-rabbinischen Literatur

Über die Geschichte Walthers von der Vogelweide

S. Gelbhaus

Mittelhochdeutsche Dichtung in ihrer Beziehung zur biblisch-rabbinischen Literatur
Über die Geschichte Walthers von der Vogelweide

ISBN/EAN: 9783743323285

Hergestellt in Europa, USA, Kanada, Australien, Japan

Cover: Foto ©Andreas Hilbeck / pixelio.de

Manufactured and distributed by brebook publishing software (www.brebook.com)

S. Gelbhaus

Mittelhochdeutsche Dichtung in ihrer Beziehung zur biblisch-rabbinischen Literatur

Mittelhochdeutsche Dichtung

in ihrer Beziehung

zur biblisch - rabbinischen Literatur.

II. Heft:

Ueber die Gedichte Walthers von der Vogelweide

von

Dr. S. Gelbhaus,

Rabbiner und Prediger der Tempelgemeinde zu Prag.

Frankfurt a. M.
Verlag von J. Kauffmann.
1889.

Seinem verehrten Onkel

Herrn Carl Haas in München

in Liebe und Treue

gewidmet

vom

Verfasser.

Die Lieder Walthers von der Vogelweide gehören zu den schönsten Blüthen der mittelhochdeutschen Dichtung. In ihnen kommt das Streben, Wünschen und Sehnen ihrer Zeit zum edelsten Ausdruck. Ihre Entstehungszeit umfasst einen Zeitraum von ungefähr vierzig Jahren, etwa von 1189 bis 1229. Ihr Inhalt erfreute und ergötzte die Besten und Edelsten ihrer Zeit; sie gingen von Mund zu Mund und erklangen in Königsresidenzen, in Herzogsschlössern und in Ritterburgen. Ja, sie bildeten nicht nur einen Gegenstand der Unterhaltung und Zerstreuung, sondern sie waren ein wichtiger Faktor des öffentlichen und privaten Lebens. Denn ihr Verfasser fand Zutritt zu den Grossen des Reiches, war hochgeachtet von mächtigen Fürsten, und sein Rath wurde selbst von deutschen Königen und Kaisern gehört. So bedeutend die Wirkung dieser Lieder auch war, so war doch ihr Dichter nicht der Erfinder ihrer Dichtungsart. Walther von der Vogelweide hatte bereits Vorgänger von berühmten Namen und grossem Ansehen, welche dieselbe Poesiegattung zu einem hohen Grad der Vollkommenheit brachten. Heinrich von Veldeke, der aus der Gegend des Niederrheins stammte, ist der Vater des edleren Versbaues, und des kunstmässigen Reims in der mittelhochdeutschen Litteratur. Friedrich von Hausen, ein Pfälzer, dichtete Lieder, welche die Angelegenheiten des menschlichen Herzens zu ihren Gegenständen haben, die er mit religiösen Motiven in Berührung bringt. Reinmar, zum Unterschiede von Reinmar von Zweter, der Alte genannt, von dem Walther am Hofe der Babenberger Herzöge zu Wien singen und dichten lernte, war als Minnedichter gefeiert, von Gottfried von Strassburg mit der singenden Nachtigall verglichen und nach seinem Tode von Walther mit den Worten: „mich schmerzt dein wohl redender Mund und dein überaus süsser Gesang" (83,9) aufs tiefste beklagt. Der Ritter von Kürenberg ist einer der bedeutendsten Lyriker, dessen Lieder in fünfzehn Strophen erhalten sind, und der auch von Manchen für den Verfasser des Nibelungenliedes gehalten wurde. Allein Walther hat die Stoffe, die auch seine Vorgänger behandelten, als ein einziges Stoffgebiet zusammengefasst; seine Poesie umspannt alle Gegenstände der Dichtung, das Epos ausgenommen, in ihrem damaligen Umfange. Ja, von einer Gattung derselben ist er, vielleicht von einigen bis jetzt unbekannten Vorbildern abgesehen, der alleinige Erfinder; denn Walther ist es, der das politische Lied in die deutsche Dichtung eingeführt und es zu einer Vollkommenheit und Bedeutung gebracht hat, die es nach ihm nicht erreichte.

Er vertiefte die Gedanken und das Gefühlsleben und verlieh seinen Liedern durch den Schmelz einer innigen Sprache einen Glanz und einen Zauber, der bis dahin in der deutschen Dichtung unbekannt war. Kein Wunder wenn der Name dieses Dichters im zwölften und dreizehnten Jahrhundert einen ungewöhnlich lieblichen Klang besass und dass seine

Dichtungen auf die Gemüther eine ausserordentliche
Anziehungskraft ausübten. Aber selbst nachdem die
mittelhochdeutsche Litteratur der Vergessenheit anheimfiel, war das Schicksal der Walther'schen Lieder
ein verhältnissmässig günstigeres, als das anderer
Minnedichtungen; denn schon der Schweizer Chronist
Johann Stumpf (1500—1566) gedenkt rühmend des
Namens Walthers, den er einen frommen, biderben
nothhaften Ritter an Kaiser Philipps Hofe nennt.
Melchior Goldast (geb. 1576), der die Dichtungen der
Minnesänger kannte und liebte, beschäftigte sich auch
mit Walther von der Vogelweide, und nennt ihn, da
ihn die Sentenzen, die sich in den Liedern finden,
sehr anzogen, „optimus vitiorum censor ac morum
castigator acerrimus" (Paraeneticarum veterum I. 1604.)
C. Hoffmann von Hoffmannswadau, erwähnt in Amaryllis und Myrtillo (Breslau 1679) unsern Dichter und
nennt zwei Anfänge seiner Lieder. Bodmer und
Breitinger veranstalteten 1758 eine Ausgabe von
Minnesingern aus dem schwäbischen Zeitpunkt, unter
diesen befinden sich auch die Gedichte Walthers.

Im Jahre 1822 erschien Uhlands „Walther von
der Vogelweide, ein altdeutscher Dichter". Dieses
Buch ist die erste wichtige Monographie, welche eingehend Walthers Dichtungen zu erforschen sucht. Im
Jahre 1827 gab Karl Lachmann „Die Gedichte Walthers
von der Vogelweide" in einer mit einem kritisch-wissenschaftlichen Apparat versehenen, besondern Edition
heraus. Dieser folgte 1843 eine zweite Ausgabe, die
sich nur unwesentlich von der ersten unterscheidet.
Lachmann's Text erschien noch ausserdem in drei
Ausgaben, die von Haupt und Müllenhof besorgt

wurden, Franz Pfeifer edirte 1864 die Gedichte Walther's, in welchen er eine von der Lachmann'schen abweichenden Ordnung traf. Er versah sie mit einem paraphrasirenden Commentar, mit Inhaltsangaben und Ueberschriften. 1869 gab W. Wilmanns die Gedichte auf's Neue mit Erklärungen heraus. Diese Edition weicht in der Liedergruppirung von den beiden vorigen ab. Willibald Leo fasste in einer Schrift, „Die gesammte Litteratur Walther's v. d. Vogelweide" fast alles, was über diesen Dichter bis 1880 geschrieben wurde, zusammen. 1882 erschien „Leben und Dichten Walther's von der Vogelweide" von W. Wilmanns. In diesem Buche verbreitet sich der Verfasser ausführlich über alle Walther betreffenden Fragen. In der altdeutschen Textbibliothek erschienen 1882 „Die Gedichte Walther's von der Vogelweide" von H. Paul, die mit einem Wörterbuch versehen sind. Walther, obwohl ritterlichen Standes, war Dichter von Beruf; er diente mehreren Fürsten und lernte Welt und Leben betrachten. Seine Gedichte stehen auf dem Bildungsniveau seiner Zeit, jedoch ist es schwer, den Grad seiner Kenntnisse zu bezeichnen. „Es ist nicht wahrscheinlich", sagt H. Paul in seiner Ausgabe S. 3, „dass er schulmässig in der Gelehrsamkeit der Zeit unterrichtet ist. Es kann sein, dass er nicht einmal Lesen und Schreiben gelernt hat. Die paar lateinischen Brocken, die bei ihm vorkommen und die theologische Gelehrsamkeit seiner religiösen Dichtungen waren Gemeingut, das man sich auch ohne Schule aneignen konnte." Schon seine berufsmässige Thätigkeit, durch geistreiche Lieder die Grossen zu unterhalten, hat ihn darauf hingewiesen, mit Gedanken

und Ideen der bekannten Schriften sich vertraut zu
machen, um aus ihnen Anregung für seine Muse zu
gewinnen. Aber auch seine Wanderungen und Streifzüge durch viele Länder mögen ihm Gelegenheit gegeben haben, auch den Inhalt weniger bekannter
Litteraturzweige kennen zu lernen und zu betrachten.
„Ich habe beobachtet von der Save bis zur Mur und
von dem Po bis zur Drau kenne ich die Lebensweise
der Menschen", sagt er selber von sich. (31, 12. 13.)
Wir finden bei ihm nicht nur Kenntniss der neutestamentlichen Schriften, sondern auch genauere Bekanntschaft mit dem alten Testament. Ja wir begegnen sogar in seinen Schriften einigen Aussprüchen,
zu welchen sich in der rabbinischen Litteratur
Parallelen finden. Die beiden letzteren mochte er,
wie andere seiner Standesgenossen, theils durch die
Kirche, theils durch jüdische Proselyten, oder auch
durch directe Berührung mit jüdischen Kreisen kennen
gelernt haben. Dass er die Juden in den Kreis seiner
Betrachtung gezogen hat, beweist der Umstand, dass
er in seinen Gedichten sieben Mal sie ausdrücklich
nennt, und zwar:
S. 11, Z. 19: do versuchten in die juden ie.
„ 15, „ 37: do huob sich der juden leit.
„ 16, „ 29: Kristen juden und die heiden.
„ 21, „ 27: ein ieglich kristen, juden unde heiden.
„ 22, „ 16: im dienent kristen juden unde heiden.
„ 77, „ 20: der ouch die juden villet.
„100, „ 29: ich wolt ê zeinem juden borgen.

Schon Franz Pfeifer und W. Wilmanns machen
in ihren Erklärungen auf einige Sentenzen in der
Bibel aufmerksam. Auch J. Fasching wies in Pfeifers

Germania 22 S. 429 und 23 S. 34 unter Anderem auf einzelne alttestamentl. Verse hin. Wir wollen in dieser Schrift all die Stellen in Walthers Liedern bezeichnen, zu denen sich Parallelen im jüdischen Schriftthum finden. Unserer Untersuchung haben wir den Text der zweiten Ausgabe Lachmanns zu Grunde gelegt.

1. 4, 13—18.
>Ein bosch der bran,
>dâ nie niht an
>besenget noch verbrennet wart:
>breit unde ganz
>beleip sin glanz
>vor fiures flamme unverschart.

Das Gedicht, der Leich genannt, dem diese Verse angehören, enthält eine stattliche Anzahl von Hinweisungen auf Erzählungen und Stellen der alttestamentlichen Schriften. So die Erwähnung des blühenden Stabes Ahrons (4, 4), der Ausdruck „aufgehendes Morgenroth" (4, 5) der dem hohen Liede (C. C. V. 9) angehört, die Nennung der Tempelpforte in Ezechiel (4, 6), die nicht geöffnet werden soll und der Wollschur des Gideon, auf die der Thau fiel (5, 20). Die obigen Verse sind eine dichterische Uebertragung des Satzes (Exodus 3, 2) וירא והנה הסנה בער באש והסנה איננו אכל „Er sah den Busch im Feuer brennen, aber der Busch ward nicht verzehrt."

2. 6, 10—16.
>Sît got enheine sünde lât,
>die niht geriuwent zaller stunt
>hin abe unz uf des herzen grunt.
>dem wîsen ist daz allez kunt,
>daz niemer sêle wirt gesunt,
>diu mit der sünden swert ist wunt.
>sin habe von grunde heiles funt.

Dieser Gedanke ist im rabbinischen Schriftthum ein häufig vorkommender. Folgende Sätze kommen denen des Dichters sehr nahe: טובה מרדות אחת בלבו של אדם מכמה מלקיות "Besser ist eine Selbstdemüthigung im menschlichen Herzen als manche Züchtigung" (Berachot p. 7). א״ר חמא בן חנינא גדולה תשובה שמביאה רפואה לעולם.

"Es spricht R. Chama, der Sohn Chaninas: Wichtig ist die Busse, denn sie bringt Heilung (für die Wunden der Sünde) der Welt." (Joma 86.) א״ר לוי גדולה תשובה שמגעת עד כסא הכבוד.

"Es spricht R. Levi: Wichtig ist die Busse, denn sie steigt hinauf zum göttlichen Thron." (Das.) Der Ausdruck „dem wisen ist daz allez kunt" dürfte vielleicht darauf hindeuten, dass der Dichter Kreise, die nicht zu seiner unmittelbaren Umgebung gehören, meint.

3. 8, 11—17. Deheinen rât kond ich gegeben,
wie man driu dinc erwurbe,
der keines niht verdurbe,
diu zwei sint êre und varnde guot.
daz dicke ein ander schaden tuot:
daz dritte ist gotes hulde,
der zweier übergulde.

Die erstrebenswerthen Güter, die hier genannt werden, sind dieselben, die in den Sprüchen Salomons C. 3 V. 4 u. 16 als Gegenstände des höchsten Begehrens bezeichnet werden. ומצא חן ושכל טוב בעיני אלהים ואדם.

"Und du wirst Huld und Wohlgefallen vor Gott und Menschen finden." בשמאולה עשר וכבוד.

"In ihrer Linken ist Ehre und Reichthum."

4. 8, 19—22. Jâ leider desn mac niht gesîn,
daz guot und weltlich êre
und gotes hulde mêre
zesamene in ein herze komen.

Diese Zeilen erinnern an den rabbinischen Ausspruch: לא כל אדם זוכה לשתי שלחנות.
„Nicht jeder Mensch kann zwei Tische erwerben (d. h. irdische Güter und göttliche Huld). (Berachot p. 5.)

5. 8, 36—9, 1—7. Daz wilt und daz gewürme
die stritent starke stürme,
sam tuont die vogel under in;
wan daz sie habent einen sin:
si dûhten sich ze nihte,
si enschüefen stark gerihte.
si kiesent künege und reht,
si setzent hêrren unde kneht.

Die Vorstellung, dass in der Thierwelt Herrschaft und Königthum vorhanden sind, findet sich auch im Talmud (Chagiga 13) מלך שבחיות ארי מלך שבבהמות שור מלך שבעופות נשר.
„Der König der Waldthiere ist der Löwe, der König der Hausthiere ist der Stier, der König der Vögel ist der Adler." (Vergl. meine Schrift: Ueber Stoffe altdeutscher Poesie 35.)

Eine Berührung mit der Reineke-Fuchssage kann nicht angenommen werden, weil in Walthers Gedichten nicht die geringste Spur auf eine Bekanntschaft mit dem Thierepos hinweist.

6. 10, 1—8.
Mehtiger got, dû bist sô lanc und bist sô breit:
gedaeht wir dâ nâch daz wir unser arebeit
niht verlürn! dirst ungemezzen maht und êwekeit.
ics weiz bî mir wol daz ein ander ouch dar umbe trahtet:
so ist ez, als ez in was, unseren sinnen unbereit.

dû bist ze grôz, dû bist ze kleine, es ist ungahtet.
tumber gouch, der daran betaget oder benahtet
wil er wizzen daz nie wart gepredjet noch gepfahtet?

Dieser Hymnus erscheint fast fremdartig in der Mitte der andern Lieder Walthers. Die philosophische Tiefe des Grundgedankens muss bei einem Dichter verwundern, der die concretesten Objecte zu seiner Behandlung wählte. Jedenfalls gehört das Gedicht in die letzten Lebensjahre Walthers, in denen seine Phantasie durch die Erfahrung eines langen ereignissreichen Lebens geläutert, einen Flug zu übersinnlicher Spekulation nahm. In seiner leitenden Idee erinnert aber das Lied an das Kether malchut des Salomon ben Gabirol. לך הגבורה אשר בסודה נלאו רעיוננו לעמוד. כי עצמת ממנו מאוד. לך חביון הצח הסוד והיסוד

„Dir gehört die Macht, in deren Geheimniss zu dringen unsere Gedanken ermüden. Denn du bist unvergleichlich stärker als wir. Bei dir ist der Schleier die Kraft des Geheimnisses und des Grundes." Die Worte: „ich weiz bi mir wol daz ein ander dar umbe trahtet", stimmen zu dem Ausdrucke: נפלאים מעשיך ונפשי יודעת מאוד, „Wunderbar sind deine Werke und ich weiss es gar wohl". Den Worten: „tumber gouch, der dran betaget oder benahtet", entspricht der Satz: ובחכמתך נבער כל אדם מדעת.

„Was deine Weisheit betrifft, so ist jeder Mensch einfältig, um sie zu begreifen." Auch mit dem Schir ha jichud hat das Lied einige Verwandtschaft. Die Worte: „dû bist sô lanc und bist sô breit", entsprechen dem Satze: אין לך סובב ואין לך פאה

„Du hast keinen Anfang und du hast kein Ende."

Der Ausdruck: „du bist zu klein", entspricht dem Satze: ואין מקום דק ממך נחדל.
„Auch der allerkleinste Raum ist von dir nicht unerfüllt." W. Wilmanns weist in seiner Ausgabe S. 826 auf Prediger 8—16 hin.

7. 10, 25—27. Solt ich den pfaffen râten an den trui wen mîn,
sô praeche ir hant den armen zuo „sê daz ist dîn".

Dieses erinnert an den Ausspruch in Abot 5.1'.
שלי שלי ושלך שלך זו מדה בינונית: „Was mein ist gehört mir und das Deinige gehört dir." Das ist die Weise der Mittelklasse."

8. 11, 13—15. Ir sprâchent: „swer dich segne, si gesegnet; swer dir fluoche si verfluochet mit fluoche volmezzen."

Dieser Satz ist eine wörtliche Uebersetzung von Numeri 4.8: „Wer dich segnet sei gesegnet, und wer dir fluchet sei verflucht."

9. 11, 34. 35 Ir wellet übel oder wol,
so mac si beidiu rechen unde lônen.

Ein in der Bibel häufig vorkommender Gedanken. Vergl. Jesajas 3.10: „Denn die Frucht ihrer Werke werden sie geniessen."

10. 12, 8. Ir habt die erde, er hât daz himelrîche.

Vergl. Psalm 115.16: „Die Himmel sind des Ewigen, die Erde aber hat er gegeben den Menschenkindern."

11. 12, 30. Got git ze künege swen er wi.

Vergl. Hiob 36.7: „Er setzte die Könige auf den Thron, dass sie immer erhöhet bleiben". „Er setzt Könige ab und setzt Könige ein." (Daniel 2.21.) Vgl. den Hymnus „Haoches bejad": הממליך מלכים ולו המלוכה. „Er setzt Könige ein und ihm gehört die Herrschaft."

12. 13,12—17. Owê ez kumt ein wint daz wizzent sicherlîche,
dâ von wir hoeren beide singen unde sagen:
der sol mit grimme ervaren elliu künecrîche.
daz hoere ich wallaere und pilgerîne klagen:
boume, türne ligent vor im zerslagen:
starken liuten, waet erz houbet abe.

In dieser Klage klingen folgende Verse zusammen: „Dieses erzählet eueren Kindern und euere Kinder den ihrigen und ihre Nachkommen dem spätern Geschlecht." (Joel 1.3.) „Der Herr, im Wetter und Sturm ist sein Weg und unter seinen Füssen eine Staubwolke. Basan und Karmel verschmachten, und die Blüthe Libanons vertrocknet. Es zittern die Berge vor ihm und die Hügel wanken. Es bebt vor ihm die Erde, die Welt und Alles was sie erfüllt." (Nahum 1, 3—5.)

13. 13, 19. 20. Owê wir müezegen liute, wie sîn wir versezzen
zwischen zwein fröiden nider an die jâmerlîchen stat!

Vergl. Sprüche Salomons 6. 9. 10. „Wie lang Müssiggänger wirst du liegen, wann wirst du aufstehen von deinem Schlaf. Ein wenig noch schlafen, ein wenig noch schlummern, ein wenig noch die Hände zusammenschlagen beim Liegen." —

14. 13, 26—20. Owê der wîse die wir mit den Grillen sungen
dô wir uns solten warnen gegen des kalten
winters zît!
daz wir vil tumben mit der âmeizen niht rungen,
diu nu vil werdeclîche bî ir arebeiten lît!

Diese Verse sind eine Umschreibung folgender Sätze: „Geh' zur Ameise du Fauler, betrachte ihre Wege und werde weise. Sie hat keinen Fürsten, keinen Aufseher und Regenten. Sie bereitet doch ihr Brod im Sommer, sammelt zur Erntezeit ihre Nahrung." (Sprüche Salomons 6. 6. 8.)

15. 14, 8. 9. Minne ist aller tugende ein hort:
âne minne wirdet niemer herze' rehte frô.

Vergl. Hohes Lied 7.7: מה יפית ומה נעמת אהבה בתענוגים. „Wie schön und lieblich bist du o Liebe unter den Hochgenüssen."

16. 14, 38—15,1. Allererst lebe ich mir werde,
sit min sündic ouge siht
daz here lant und ouch die erde
der man vil der êren giht.

Von einer gleichen Sehnsucht nach dem heiligen Lande war Jehuda Ha-Levi, (1085) der Dichter der Klagelieder „Zion" in den Kinot, erfüllt: מי יתן לי כנפים וארחיק נדוד, אנוד לבתרי לבבי בין בתריך, אפול כאפי עלי ארצך. וארצה אבניך מאוד ואחונן את עפריך. „O hätte ich Flügel, ich würde weit dahin ziehen, ich würde dahin ziehen zu deinen Trümmern, mit meinem Antlitze zur Erde fallen, deine Steine umarmen und deine Erde küssen."

17. 15, 6. Schoeniu lant rich unde hêre.

Aehnlich der Ausruf Jehuda Ha Levi's: ציון עטרת צבי שמחת המוניך. „Zion, du herrliche Krone, Wonne deiner Schaaren." —

18. 15, 7. 8. Swas ich der noch bân gesehen,
so bist duz ir aller êre.

Vgl. die Worte: שנער ופתרום היערוך בגדלם. „Können Sinear und Patros sich dir gleichstellen trotz ihrer Grösse". —

19. 15, 9. Was ist wunders hie geschehen!

Aehnlich: במקום אשר נגלו אלהים לחוויך וצייריך. „Der Ort, an dem sich Gott offenbarte deinen Sehern und deinen Boten."

20. 17, 3—6. Der milte lôn ist sô diu sât,
diu wünecliche wider gât
dar nach man si geworfen hât:
wirf von dir mittelîche.

Folgende Sätze dürfen als die Grundlage dieser Verse betrachtet werden: „Nach dem Ende von drei Jahren sollst du herausnehmen jeden Zehnt deines Erträgnisses desselben Jahres und sollst ihn in deinen Thoren niederlegen. Und da wird kommen der Levit der keinen Antheil und Erbe bei dir besitzt, und das Waisenkind und die Wittwe die in deinen Thoren weilen, und essen und sich sättigen, auf dass dich der Ewige, dein Gott segne in allen Werken deiner Hände." (Deuteron. 14, 28.29.) die rabbinischen Lehrer erklären das ähnliche Gebot (Vers 22 das.) durch den Ausspruch: „Verzehnte, damit du reich werdest." (Sifre zur Stelle.)

21. 19, 37—20, 1—3. Wol uf, swer tanzen welle nâch der gîgen!
mir ist mîner swere buoz:
êrste wil ich eben setzen mînen fuoz
und wider in ein hôhgemûtete stîgen.

Der ganze Ton dieser Verse erinnert an Jesajas C. 35, 1. 3. 6. Man beachte folgende Sätze: יששום מדבר וציה ותפרח כחבצלת. „Es freuet sich die Wüste und die Einöde." חזקו ידים רפות וברכים כושלות אמצו. „Stärket die schlaffen Hände und machet fest die wankenden Kniee." אז ידלג כאיל פסח ותרון לשון אלם. „Dann wird der Lahme wie ein Hirsch hüpfen und die Zunge des Stummen wird Gesang anstimmen."

22. 20, 17. 18. Wie manic gâbe ist uns beschert
von dem der uns ûz nihte hât gemachet!

Vergl. Psalm 145.16: „Du öffnest deine Hand und sättiget alles Lebende mit Wohlgefallen."

23. 20, 19. Dam einen gît er schoenen sin.

Vergl. folgende Sätze: „Denn dem Menschen, der ihm gefällt giebt er Weisheit und Kenntniss." (Pre-

diger 2.26.) „Er giebt Weisheit den Weisen, und Wissenschaft den Wissenskundigen." (Daniel 2 21.)
24. 20, 20. 21. Dem andern guot unt den gewin,
daz er sich mit sîn selbes muote swachet.

Vergl. Prediger 5.12 : „Es ist eine böse Plage, die ich unter der Sonne sah, Reichthum der seinem Besitzer zum Unheil aufbewahrt wird."
25. 20, 27—30. Swer sich ze guote alsô verpflichtet
daz er der beider wirt entwert,
dem habe ouch hie noch dort niht lônes mêre,
nan sî eht guotes hie gewert.

Diese Strophen hängen mit der Ansicht zusammen, dass grosse Genüsse und Reichthümer hinieden als eine Abschlagszahlung für den zu beanspruchenden Lohn in der künftigen Welt anzusehen sind. Diese Meinung drückt die Erzählung von Rabbi Chamna b. Dosa aus, der einen dreifüssigen goldenen Tisch, welcher ihm von unsichtbarer Hand gegeben wurde, ausschlug, um im Jenseits nicht zurückgesetzt zu werden. (Taanit 25.) Rab Josef wies einen sich ihm darbietenden leiblichen Genuss mit den Worten von sich: ואי אשכיי כסא אחרינא הואי מסתפינא דלמא מנכו די מזכותא דעלמא דאתי „Wenn ich den zweiten Becher getrunken hätte, so müsste ich befürchten, dass man mir dieses von meinem Lohnanspruch in der zukünftigen Welt abziehen würde." (Sabbat 140.) Walther will, dass nicht nur dort, sondern sogar „hier" schon dem Reichen der nach Gottes Huld und Ehre nicht begehrt, der Lohn unvermehrt bleibe. —
26. 21, 1—5. Des fürsten milte uz Oesteriche
fröit dem süezen regen geliche
beidiu liute unt ouch daz lant.
erst ein schoene wol gezieret heide,
dar abe man bluomen brichtet wunder.

Dieses Gedicht klingt an den 72. Psalm an. Sowie das biblische Lied eigentlich ein Königspsalm ist, so ist dieses Lied an einen Fürsten gerichtet. (Nach Lachmann, Anmerkung zu 19.36, ist es der Herzog Leopold. Simrock meint in seiner Ausgabe S. 34, dass hier von Leopolds Bruder Friedrich die Rede ist. Siehe Leben und Dichten Walthers v. d. V. von W. Wilmanns. S. 55.) Man betrachte folgende Sätze: „Er steige hinab wie der Regen auf die Schur. Wie Tropfen die Erde befeuchten." (6 das.) „Es sei viel Getreide im Lande auf den Höhen der Berge, seine Früchte sollen rauschen wie der Libanon, und sie sollen hervorblicken aus den Städten, wie die Gräser aus dem Boden." (16 das.)

27. 21, 10—14. Owê dir, Welt, wie übel dû stêst!
    was dinge dû alz an begêst,
    diu von dir sint ze lidene ungenaeme!
    Dû bist vil nâch gar âne scham.

Eine Ideenverwandtschaft zwischen diesem Gedichte und dem Capitel 59 des Jesajas ist nicht zu verkennen. Der Dichter betrachtet den Zustand der Welt, und fällt ein herbes Urtheil über sie. Wie der Prophet findet er, dass Zucht, Ehre und Wahrheit in ihr vergebens gesucht werden, und gleich diesem bedient er sich der strafenden Rede um den Wandel seiner Zeitgenossen zu geisseln. Man betrachte folgende Sätze: „Es ist Niemand der Gerechtigkeit ausruft, und Niemand, der mit Treue urtheilt. Man vertrauet auf das Eitle und redet Falschheit, man trägt Unrecht und gebärt Unheil" (4 das.) „Ihre Füsse laufen dem Bösen entgegen." (7 das.)

28. 21 21. 22. Welt, dû stêst sô lasterlîchen,
    daz ichz niht betiuten mac.

„Lästern und Lügen gegen Gott, frevelhaftes Reden und Abtrünnigkeit. (13 das)

29. 21, 23. Triuwe und wârheit sint vil gar bescholten. ותהי האמת נעדרת. „Und die Wahrheit ist ausgeblieben." (15 das.)

30. 21, 31. Diu sunne hat ihr schîn verkêret.

Jesajas 13.10: חשך השמש בצאתו. „Die Sonne hat sich verfinstert bei ihrem Aufgang".

31. 21, 32. 35. Untriuwe ir sâmen ûz gerêret
allenthalben zuo den wegen:
der vater bî dem kinde untriune vindet,
der bruoder sînem bruoder liuget.

Folgender Satz liegt diesen Strophen zu Grunde: „Ein Jeglicher hüte sich vor seinem Freunde, und auch auf den Bruder verlasset euch nicht, denn jeder Bruder hintergeht, und jeder Freund geht als Verleumder umher." (Jeremias 9.3)

32. 22, 6—9. Dich heizet vater maneger vil:
swer min ze bruoder niht enwil,
der spricht diu starken wort ûz krankem sinne.
Wir wachsen ûz gelichem dinge.

Denselben Gedanken drückt folgender Satz aus: „Fürwahr wir haben alle einen Vater, fürwahr ein Gott hat uns erschaffen, warum sind wir denn treulos gegen einander und entweihen den Bund unserer Väter." (Maleachi 2.10.)

Uhland bemerkt zu diesem Gedichte Walthers: „Der Umgang mit den Mächtigen hat das Urtheil des Dichters über die wahren Vorzüge der Menschen keineswegs getrübt. Er sucht diese nicht in der Geburt, sondern spricht sich kräftig über den Ursprung aller Sterblichen aus gleichem Lehm und über ihre Gleichheit vor dem höchsten Herrn aus."

33. 22, 16. 16. Im dienent kristen, juden unde heiden,
der elliu lebenden wunder nert.

In diesem Gedanken begegnet sich Walther mit dem Dichter des Kether Malchuth, welcher singt: אתה אלה וכל היצורים עבדיך ועובדיך ולא יחסר כבודך בגלל עובדי בלעדיך כי כונת כלם להגיע עדיך „Du bist Gott und alle Geschöpfe sind deine Knechte und deine Diener, und deine Herrlichkeit verliert nichts durch diejenigen, die Anderen dienen. Denn die Absicht Aller ist ja, zu dir zu gelangen." Franz Pfeifer bemerkt hierzu in seiner Ausgabe Walthers S. 190: „Aus diesen Zeilen leuchtet Walthers Duldsamkeit und milde Gesinnung auch gegen Nichtchristen, die er alle als Geschöpfe von Gottes Hand erkennt."

34. 23, 11—13. Ez troumte, des ist manic jâr,
ze Babilône, daz ist wâr,
dem künge, ez würde boeser in den richen.

(Daniel C. 21.) „Und im zweiten Regierungsjahre Nebukadnezars, da hatte er Träume." —

35. 23, 14—16. Die nû ze vollen boese sint,
gewinnent die noch boeser kint,
ja hêrre got, wem sol ich diu gelichen?

Ein ähnlicher Gedanke ist in Jesajas 59.5 enthalten: „Sie brüten Basiliskeneier aus, und weben Spinngewebe. Wer von ihren Eiern isst, muss sterben, und wenn man sie zertritt, so bricht eine Schlange hervor." —

36. 23, 28—30. Si brechent dicke Salomônes lêre.
der spricht, swer den beomen spar,
daz der den sun versûme gar.

Gemeint ist hier Sprüche Salomons 13,24: „Wer seine Ruthe schont, der hasst seinen Sohn."

37. 23, 35. Die jungen habent die allen sô verdrungen.

Jesajas 3.5: „Der Jüngere überhebt sich über den Alten."

38. 24, 33—35. Der hof ze Wiene sprach ze mir
　　Walther, ich solte lieben dir,
　　nû leide ich dir: daz müeze got erbarmen.

Aehnlich Rut I. 20: אל תקראנה לי נעמי קראן לי מרה כי המר שדי לי מאד. „Nennet mich nicht die Liebliche, nennet mich die Leidensvolle, denn der Allmächtige hat mich sehr betrübt." —

39. 25, 17. 18. Der ist ein gift nû gevallen,
　　ir honec ist worden zeiner gallen.

Vergl. Sprüche Salomons 5, 2. 3: „Denn Honigseim träufeln die Lippen der Fremden und glatter als Oel ist ihr Gaumen. Aber ihr Ende ist bitterer als Wermuth." —

40. 26, 3. 4. Vil wol gelobter got, wie selten ich dich prîse!
　　sit ich von dir beide wort hân unde wîse.

Vergl. Jesajas 50,4: „Der Herr mein Gott verlieh mir eine gelehrige Zunge, den Verstand den Müden mit Worten zu stärken."

41. 26, 13—15. Die wîsen râtent, swer ze himelrîche welle,
　　daz er ê vil wol bewarte und ouch bestelle
　　den wec, daz ieman drûffe habe der in her wider velle.

In der rabbinischen Litteratur sind derartige Lehren wie diese nicht selten: ר' אליעזר בן יעקב אומר העושה מצוה אחת קונה לו פרקליט אחד והעובר עברה אחת קונה לו קטנור אחד. תשובה ומעשים טובים כתריס בפני הפורענות. „R. Elieser b. Jacob pflegte zu sagen: Wer ein Gebot ausübt, verschafft sich dadurch einen Fürsprecher, wer eine Sünde begeht, verschafft sich einen Ankläger. Busse und mildthätige Werke sind ein Schild gegen Strafe." (Abot 4.13.)

ר יעקב אומר העולם הזה דומה לפרוזדור בפני העולם הבא התקן עצמך בפרוזדור כדי שתכנס לטרקלין. „R. Jacob

pflegte zu sagen: Diese Welt ist wie eine Halle zur
künftigen Welt, bereite dich in die Halle vor um in
den Palast eingehen zu können." (Das. 21.)

Hierher gehört auch noch folgende Erzählung:
מעשה במונבז המלך שבזבז אוצרותיו ואוצרות אבותיו בשני
בצורת, וחברו עליו אחיו ובית אביו אמרו לו, אבותיך גנזו
אוצרות והוסיפו על של אבותם ואתה בזבזת אוצרותיך ואוצרות
אבותיך. אמר להם אבותי גנזו אוצרות למטה ואני גנזתי
אוצרות למעלה כו. אבותי גנזו במקום שהיד שולטת בו ואני
גנזתי במקום שאין היד שולטת בו.

"Es wird vom König Munbaz erzählt, dass er
während der Zeit einer Hungersnoth seine Schätze und
diejenigen seiner Ahnen vertheilt hat. Da rotteten
sich seine Brüder und die Angehörigen seines Vaters
zusammen und sprachen zu ihm: „Deine Väter legten
Schätze an und vermehrten noch die ihrer Väter, du
aber verschleuderst deine Schätze und die deiner
Ahnen. Da erwiderte er ihnen: „Meine Väter ver-
bargen die Schätze „unten", ich aber verbarg sie
„oben" etc. Meine Väter legten sie an einen Ort, wo
Hände Zugang haben, ich legte sie an einen Ort, wo
keine Hände Zugang haben." (Baba Bathra 11.) Diese
Ansicht findet man auch in den neutestamentlichen
Schriften. —

42. 28, 28. 29. Wan mugens in råten daz si låzen in ir kragen,
    ir valsche gelübde od nâch gelübde niht versagen.

Prediger 5.4: „Besser ist, dass du nicht gelobest,
als dass du gelobest, ohne es zu halten."

43. 29, 25—28. Ich trunke gerne dâ man bî der mâze schenket,
    und dâ der unmâze nieman iht gedenket,
    sit si den man an lîbe an guot und an den êren krenket.
    si schât ouch an der sêle, hoere ich jehen die wîsen.

Dieses Gedicht ist gegen die Unmässigkeit Otto's
gerichtet. Pfeifer bemerkt hierzu (Ausgabe S. 251):

„Hier ist es nicht mehr die Umgebung des Kaisers, sondern Otto selbst, über den der vielfach von ihm getäuschte Dichter die volle Zornschale ausgiesst. Seine Zeitgenossen schildern ihn zwar als tapfer, ja tollkühn, daneben aber als sittenlos, roh, undankbar und grausam. So tritt uns sein Bild auch aus den folgenden, nur wenig verhüllten Sprüchen entgegen. In dem ersten lobt Walther die Mässigkeit, indem er die Nachtheile der Unmässigkeit, namentlich der Trunksucht hervorhebt, die zu frevelhaftem Thun und ungebührlichem Benehmen gegen die Gäste verleite." In dieser Auffassung erscheinen die obigen Strophen als eine Reproduction folgender Sätze: „Nicht den Königen Lamuel, nicht den Königen ziemt es Wein zu trinken, nicht den Fürsten ziemt starkes Getränk. Sie möchten trinken und das Gesetz vergessen und verändern das Recht der armen Leute. (Spr. Sal. 31, 4. 5.)

44. 30, 12. 13. Mir griulet, sô mich lachent an die lechelaere,
        den diu zunge honget und daz herze gallen hat.

Denselben Sinn enthält der Satz Jeremias 9.7: „Ein mörderischer Pfeil ist ihre Zunge, Trug redet sie; mit seinem Munde redet man mit dem Nächsten friedlich, aber im Innern lauert man auf ihn."

45. 30, 19. Sît got ein rehter rihter heizet an den buochen.

Walther bezieht sich auf Psalm 98.19: „Vor Gott, der kommt die Welt zu richten, er richtet die Welt mit Gerechtigkeit und die Völker mit Recht." (Vergl. Psalm 96.13.)

46. 31,2. Gewissen friunt, versuochtin swert, sol man ze noeten sehen.

Dem ersten Theil dieses Sprüchwortes liegt der Ausspruch zu Grunde: אח לצרה יולד. „Ein Bruder (Freund) ist für die Noth geboren." (Sprüche Sal.)

47. 31, 3. Ich wil niht mê den ougen volgen noch den sinnen.

Dieses ist eine biblische Redeweise: „Und ihr sollet nicht umherspähen nach eueren Herzen und nach eueren Augen." (Numeri 15.39.)

48. 31, 4—6. Diu rieten mir an zwei, daz ich diu solde minnen: diu wâren âne valsch gewohrt beidiu ûzen, unde ouch innen da wart ein wênec in geleit, daz was niht staete.

Die Unzuverlässigkeit der Freunde, von der der Dichter berichtet, schildert der Psalmist mit den Worten: „Auch mein Freund, auf den ich vertraute, der mein Brod ass, erhob über mich die Ferse." (Psalm 41.10.)

49 31, 15. Diu meiste menege enruochet wies erwirbet guot.

Pfeifer erklärt (Ausgabe S. 224) diesen Ausdruck: „Die Mehrheit kümmert sich nicht, es ist ihr gleichgültig, auf welche Weise sie Geld erwirbt."

Wilmanns weist auf die Zustände der damaligen Zeit hin und bemerkt: „Da waren Klagen über Habsucht und die hohe Stellung des Geldes bei den Fürsten und im Rathe der Könige wohl gerechtfertigt." (Ausgabe S. 277.) Nach dieser Auffassung gemahnt die Klage Walthers an Hosea 12, 8.9: „Der Kaufmann hat in seiner Hand eine falsche Waage, er liebt zu bedrücken. Aber Ephraim spricht: Ich bin reich, ich habe Gut gefunden, in all meinem Erwerb wird man keine Sünde finden, die Missethat ist."

50. 33, 25 26. Alle zungen suln ze gote schrîen wâfen,
        und rüefen ime, wie lange er welle slâfen.

„Erwache, warum schläfst du o Gott!" (Psalm 44. 24.)

51. 33, 29. Sin süener mordet hie und roubet dort.

„Wo das Recht sein sollte, da ist der Frevel." (Prediger.)

52. 33, 32. 33. Die ai dâ lêren solten, die sint guoter sinne âne,
es waer ze vil, und taet ein tumber leie daz.

Dieses ganze Gedicht erinnert an den talmudischen Ausspruch Chagiga 14: יש נאה דורש ואינו נאה מקיים. „Mancher lehrt schön, befolgt aber die Lehre nicht."

53. 34, 22. 23. Her Stoc, ir sît uf schaden her gesant,
daz ir ûz tiutschen liuten suochet toerine unde narren.

Dieses Gedicht, welches eine ironische Ansprache an den Opferstock enthält, gemahnt an den Ausruf der folgenden Erzählung: מעשה במרים בת בילגה שנשמדתה והלכה ונשאת לסרדיוט אחד ממלכי יונים כשנכנסו יונים להיכל היתה מבעטת בסנדלה ע״ג המזבח ואמרה לוקום לוקוס עד מתי אתה מכלה ממונן של ישראל ואי אתה עומד עליהם בשעת הדחק.

„Es wird erzählt von Mirjam, einer Angehörigen der Priesterfamilie Bilga, dass sie aus dem Judenthum austrat, und einen Feldherrn der griechischen Könige heirathete. Als die Griechen in den Tempel eindrangen, da schlug sie mit ihrem Sandal auf den Altar und rief: „Wolf, Wolf, wie lange willst du das Gut Israels verschlingen, ohne ihm in der Zeit der Bedrängniss beizustehen!" (Succa 56.)

54. 34, 31. Die uns guoter lêre bilde solden tragen.

Diese Zeile, sowie Zeile 26 gemahnen an Maleachi 2.7: „Denn die Lippen des Priesters bewahren die Erkenntniss und die Lehre sucht man in seinem Munde."

55. 35, 13. 14. Swe hiure schallet und ist hin ze jâre boese als ê,
des lop gruonet und e valwet sô der klê.

Der letzte Satz enthält ein im biblischen Schriftthum einige Mal vorkommendes Gleichniss: „Alles Fleisch ist wie Gras, und all sein Lob ist wie die

Blume des Feldes. Es vertrocknet das Gras, es verwelket die Blume." (Jesajas 40, 6. 7.)

56. 35, 83. 34. Ir müezet in die liute sehen, welt ir erkennen wol:
nieman ûzen nach der varwe loben sol.

Einen äbnlichen Gedanken drückt der rabbinische Spruch aus: אל תדין את חברך עד שתגיע למקומו. „Richte nicht deinen Nächsten, bis du an seine Stelle gelangst." (Abot.)

57. 37, 24. 25. Tumbiu Werlt, ziuch dînen zoum, wart umbe, sich.
wilt du lân loufen dînen muot, sîn sprunc der vellet dich.

Vergl. Prediger 12.1: „Gedenke deines Schöpfers in den Tagen deiner Jugend, bevor die bösen Tage kommen und die Jahre, von denen du sagen wirst: ich habe an ihnen keinen Gefallen."

58 39, 11—19. Unter der linden
an der heide
dâ unser zweier bette was,
dâ mugent ir vinden
schône beide
gebrochen bluomen unde gras.
vor dem walde in einem tal,
tadaradei
schône sanc diu nahtigal.

In diesem Gedichte ersteigt Walther die höchste Stufe der Kunst seiner Zeit. Dieses ist ein Minnelied der vollendetsten und vollkommensten Art. Seiner ganzen Anlage nach aber, sowohl den ganzen Aufbau und Inhalt als auch die poëtischen Bilder betreffend, erscheint es als eine Ausstrahlung des hohen Liedes, welches der Dichter zu seinem idealen Vorbild gewählt hat. Wie im Liede Salomons sind es auch hier die Empfindungen zweier Liebenden in einer idylischen Gegend die geschildert werden. Die Scenerie ist hier wie dort, einige Abweichungen ausgenommen, welche die geographische Lage und einheimische Flora bedingen, fast dieselbe: Ein liebliches Gefilde, schattige Bäume, ein anmuthiges Thal, ein lauschiger Ruheplatz, emporwachsendes Gras, und wohlriechende Blumen. Man vergleiche folgende Sätze:

„Komm, mein Freund, lass uns auf das Feld hinausgehen und in den Dörfern weilen." (Hohes Lied 7.12.) „Siehe mein Freund, du bist schön und lieblich, unser Ruheplatz ist duftig grünend." (das. 1.16.) „Die Blumen sind hervorgekommen im Lande, die Zeit des Lenzes ist erschienen, und die Stimme der Turteltaube wird gehört in unserem Lande." (das. 2.12.)

59. 39, 20—26. Ich kam gegangen
                zuo der ouwe:
                dô was mîn friedel komen ê.
                dâ wart ich enpfangen
                daz ich bin saelic iemer mê.
                kuster mich? wol tusentstunt.

Man vergleiche folgende Sätze: „Mein Freund ist hinabgegangen in seinen Garten, zu dem Balsambeet, in Gärten zu weiden und Rosen zu brechen. Ich gehöre meinem Freunde und mein Freund gehört mir, der unter Rosen weidet." (das. 6, 2. 3.) „Er küsse mich mit den Küssen seines Mundes". (das. 1.2.) In seinem Vorlaufe nimmt jedoch das Gedicht eine Wendung, die von dem reinen Tone des hohen Liedes abweicht.

60. 40, 84. Ir ist sanfte, und ich ab ungesunt.

Die Pfeile, die Frau Minne abschiesst, mögen wohl an den Pfeil des Amor erinnern, der letzte Ausdruck jedoch gemahnt an das Hohelied 2.5: „Denn ich bin krank vor Liebe." —

61. 41, 33. 34. Herzliebes, zwaz ich des noch ie gesach,
dâ was herzeleide bî.

Vergl. Sprüche Salomons: „Auch bei der Heiterkeit ist das Herz von Gram erfüllt." —

62. 42, 11—14. Nieman kan hie fröide vinden, si zergê
sam der liehten bluomen schîn:
dâ von sol daz herze mîn
niht senen nâch valschen fröiden mê.

Aehnliches drücken folgende Verse aus: „Ich sprach in meinem Herzen, komm ich will dich mit Freude versuchen und Wohlleben, aber siehe das ist auch eitel. Zur Heiterkeit sprach ich, du bist unvernünftig, und zur Freude, was machest du dann." (Prediger 2, 1. 2.)

63. 42, 23. 26. Frowe, als ich gedenke an dich,
waz din reiner lîp erwelter tugende pfliget,
sô lâ stân! du rüerest mich
mitten an daz herze, dâ diu liebe liget.

Auch hier sind Anklänge an das Hohelied (6.45) nicht zu verkennen: „Schön bist du meine Freundin wie Thirza etc. Wende deine Augen von mir weg, denn sie bewältigen mich."

64. 44, 23. 24. Ich lepte wol und âne nît,
wan durch der lügenaere werdekeit.

Dieser Satz ist eine freie Uebertragung von Psalm 73.3: „Denn ich beneidete die Spötter, als ich das Wohlergehen der Bösen sah." Auch die anderen Sätze dieses Gedichtes mit Ausnahme des Schlusssatzes bewegen sich im Kreise biblischer Gedanken."

65. 44, 26. Ir liep muoz iemer sin min herzeleit.

Psalm 119. 163. „Lüge, hasse und verabscheue ich. Ich hasse alle, die Lüge reden."

66. 44, 27. 29. Ez erbarmet mich vil sêre,
daz als offenlîche gânt
und nieman guoten unverworren lânt.

Vergl. Psalm 55, 3.4: „Ich klage und weine wegen der Stimme des Feindes, wegen des Bedrängens des Bösen". „Sie reden über dem Gerechten mit Hoffart, mit Hochmuth und Verachtung."

67. 44, 30. 31. Unstaete schande, sünde unêre,
die râtents iemer swâ mans hoeren wil.

Vergl. Jesajas 32, 6. 7: „Denn der Unwürdige redet Unwürdiges und sein Herz thut Unrecht, Heuchelei zu üben, gegen Gott und Abtrünnigkeit zu reden, den Hungernden auszuleeren und den Trank des Durstenden zu vermindern. Und die Handhaben des Geizigen sind gefährliche; er ertheilt böse Rathschläge, die Demüthigen mit Worten der Lüge zu verderben." Unter Schande könnte die Beraubung der Hungernden und Durstenden verstanden werden.

68. 45, 27—30. Sich krenkent frowen und pfaffen,
daz si sich niht scheiden lânt
die den verschampten bî gestânt,
die wellent lihte ouch mit in schaffen.

Die Behauptung, dass Diejenigen, die sich von den Bösen nicht scheiden lassen, sich selber schaden, stimmt zu dem Satze: אוי לרשע אוי לשכנו. „Wehe dem Bösen und wehe seinem Nachbar."

69. 48, 1. 2. Ich bin den trôn bescheidenlicher frôide bî,
und lache ungerne, sô man bî mir weinet.

Man vergleiche Prediger 2,4 und 7,14: „Eine Zeit zum Weinen und eine Zeit zum Lachen." „Am guten Tage sei guter Dinge und am bösen Tage siehe zu, auch ihn hat Gott gegenüber diesem geschaffen."

70. 50, 35—38. Swanne ichs alle schouwe,
51, 1—4. die mir suln von schulden wol behagen,
so bist duz mîn frouwe:
daz mac ich wol âne rûemen sagen.
odel unde rîche
sint si sumelîche,
dar zuo tragent si hôhen muot:
lihte sint si bezzer, dû bist guot.

Das Bevorzugen der Einen vor anderen edlen, stolzen und reichen Frauen scheint ein Reflex folgender Sätze zu sein: „Sechzig sind der Königinnen und achtzig der Kebsweiber und der Jungfrauen ohne Zahl. Eine ist meine Taube, meine Vollkommene. Eine ist sie ihrer Mutter, die Auserwählte ihrer Gebährerin." (Hohes Lied 6, 7. 8.) „Viele Töchter haben Ruhm erworben, du aber übertriffst sie alle". (Sprüche Salomons 31, 29.)

71. 53, 35—38. Got hat ir wengel hôhen flîz,
er streich sô tiure varwe dar,
so reine rôt, so reine wîz,
dâ roeseloth, da liljenvar.

Dieses ganze Gedicht enthält ebenfalls mehrere Anklänge an das Hohelied: „Deine Wangen sind wie der Ritz ain Granatapfel zwischen deinen Schläfen." (das. 4,3.)

72. 54, 7. Si hât ein küssin daz ist rôt.
„Wie eine rothe Schnur sind deine Lippen." (das.)

73. 54, 13. 14. Ez smecket, sô manz iender regt,
alsam ez vollez balsam sî.

„Deine Lippen, Braut, sie triefen Honigseim, Honig und Milch ist unter deiner Zunge und der Duft deiner Gewänder ist wie der Duft des Libanon." (das. 11.)

74. 54, 17. 18. Ir kel, ir hende, ietweder fuoz,
daz ist ze wensche wol getân.

Hiermit vergleiche man folgende Sätze: „Wie der Thurm Davids ist dein Hals." (das. 4.) „Wie lieblich sind deine Tritte in den Schuhen, du Fürstentochter." (das. 7,2.)

75. 55, 5. Nun hân ich triunt, nun hân ich rât
„Denn er entfernte von mir den Tröster, welcher beruhigte meine Seele." (Klagelieder 1. 16.) „Ich rief meine Freunde an, aber sie haben mich im Stiche gelassen." (das. 19.) „Du entfernst von mir den Freund und Anhänger." (Psalm 88,19.) „Meine Brüder entfernte er von mir und meine Freunde sind mir fremd geworden." (Hiob 19. 13.)

76. 56, 5—8. Wer gap dir, Minne, den gewalt,
daz du doch so gewaltic bist?
dû twingest beide junc unt alt:
dâ für kan nieman keinen list.

Die Allgewalt der Minne, die der Dichter besingt, erinnert an die gepriesene Stärke der Liebe im Hohenlied 8, 6. 7. „Denn so stark wie der Tod ist, die Liebe." „Grosse Gewässer können die Liebe nicht löschen, und Ströme können sie nicht überschwemmen."

77. 56, 32—35 Uebel müeze mir geschehen,
kunde ich ie mîn herze bringen dar
daz im wol gevallen
wolde fremder site.

In diesen Strophen verwahrt sich der Dichter dagegen, dass ihm je fremde Art, Sitte und Anschauungen gefallen hätten. Wenn auch nicht der Inhalt, so gemahnen doch die Form und die Fassung des Gedankens an Hiob 31, 6. 7: „Ist je mein Schritt gewichen vom Wege, und mein Herz meinen Augen gefolgt, und klebte je Unrechtes an meinen Händen. So müsse ich säen und ein Anderer verzehren, und mein Geschlecht müsse entwurzelt werden." In der Bibel, sowie in diesem Liede spricht die redende Person Verwünschungen über sich selber aus, wenn sie schuldig wäre. —

78. 59. 20. 21. Nû sagent si mir ein ander maere,
daz niht lebendigs âne mandel sî

"Wandel" bedeutet hier soviel wie Fehler (Siehe Pfeifer Ausgabe S. 83.) Dieser Satz ist demnach eine Uebersetzung von 1. Könige 8.46: "Denn es giebt keinen Menschen der nicht sündigt."

79. 61. 30. 31. Daz in diu ougen ûz gefüeren
und sich doch einst stiezen in dem tage.

Diese Verwünschung ist eine Uebersetzung von Deuteronomium 28,29: "Und du wirst tappen am Mittag, wie ein Blinder tappt im Dunkeln."

80. 67, 17 -19. Dîn jamertac wil schiere komen,
und nimet dir swazt uns hâst benomen,
und brennet dich dar umbe iedoch.

Walther ruft der Welt zu, dass auch sie zu Grunde gehen wird. Die Strophen erinnern an den talmudischen Ausspruch: בונה עולמות ומחריבן "Er erbauet Welten und verwüstet sie."

81. 70, 8—11. In gesach nie tage slîchen
sô die mîne tuont. ich warte in allez nâch:
wesse ich war si wolten strîchen!
mich nimt iemer wunder wes in sî sô gâch.

Ueber die rasche Flucht der Zeit klagt Hiob (7,6. 9,25.): "Meine Tage sind schneller als das Weberschifflein." "Meine Tage sind schneller als ein Läufer, sie sind entflohen, sie haben nicht Gutes gesehen. Sie sind entflohen mit den Schiffen aus Ebah, wie ein Adler zur Speise flattert."

82. 72, 15. 16. Mir ist an ime, des muoz ich jehen,
ein schoenez wibes heil geschehen.

Vergl. Psalm 16,6: „Das Loos ist mir aufs Lieblohn gefallen, auch ist mein Erbtheil schön."

83. 74, 5—7. Den eit sol si wol vernemen:
sî mir ieman lieber, maget oder wip,
diu helle müeze mir gezemen.

Dieser Schwur ist ein Reflex von Hiob 31,1: „Ich habe einen Bund geschlossen mit meinen Augen, dass ich nicht achte auf eine Jungfrau." —

84. 75, 17—24. Mich dûhte daz mir nie
lieber wurde, danne mir ze muote was.
die bluomen vielen ie
von dem boume bî uns nider an daz gras.
seht, dô must ich von fröiden lachen.
do ich so wünneclîche
was in troume rîche,
do taget ez und muos ich wachen.

In diesen Versen schildert eine der liebenden Personen ein Traumgesicht, das ihr des Nachts erschien: Eine idylisch-schöne Landschaft, die Bäume blühen, den Boden bedeckt ein grüner Rasen. Die Liebenden sitzen beisammen, von den Aesten fallen die duftenden Blüthen ins Gras hinab. Eine süsse, wonnesame Freude ergiesst sich in das träumende Herz. Da wird es Tag und mit dem Erwachen verschwindet das Traumbild. Man vergleiche mit dieser Schilderung das folgende Bild im Hohenlied (5, 1—3): „Ich kam, meine Schwester, meine Braut, in meinen Garten, ich habe meine Myrrhen sammt meinen Würzen abgebrochen etc. Ich schlafe, aber mein Herz ist wach. Die Stimme meines Freundes, er klopft: Oeffne mir meine Schwester, meine Freundin, meine fromme Taube, denn mein Haupt ist voll Thaus, meine Locken voll Tropfen der Nacht." Im Hohenlied, wie im Gedichte werden eine schöne Landschaft, Traum, Liebeswonne geschildert, nur sitzen im ersteren die Liebenden beisammen, während im letzteren der Liebende entflieht.

85. 76, 15. 16. Ich bin verlegen als Esaû
   min sleht har ist mir worden ru.

Wie Lachmann S. 195 bemerkt, findet sich die Lesart „Esaû" bloss in der Handschrift C. Pfeifer und Willmanns haben sie in ihre Ausgabe aufgenommen. Die hier angedeutete Trägheit Esau's bezieht sich auf Genesis 25, 29. 30: „Und Jacob kochte ein Gericht, da kam Esau vom Felde und war müde. Da sprach Esau zu Jacob: Lass mich das rothe Gericht kosten, denn ich bin müde." Der zweite Theil des Satzes bezieht sich auf Vers 25 (das.): „Und der Erste, der heraus kam, war roth, ganz wie ein haariger Mantel."

86. 77, 4. Diz kurze leben verswindet

Psalm 90,9: „Wir verbringen unsere Jahre wie einen Hauch."

87. 77, 32, 33. Sündic lîp vergezzen,
   dir sint diu jâr gemezzen.

Psalm 39,5: „Mit Spannen hast du mir meine Tage zugemessen."

88. 78, 4, 5. Got, dîne helfe uns sende,
   mit dîner zesewen hende.

Ein in der Bibel häufig vorkommender Ausruf: „Eile zu meiner Hülfe." (Psalm.)

89. 78, 12—15. Daz hêre lant vil reine
   gar helfelos und eine.
   Jerusalêm, nû weine:
   wie dîn vergezzen ist!

Diese Klage auf die heilige Stadt, hat eine auffallende Aehnlichkeit mit der Elegie der Selicha zu Nëila: והעיר הקדש והמחוזות היו לחרפה ולבזות וכל מחמדיה נטולות וגנוזות „Die heilige Stadt und die Bezirke, sind geworden zur Schmach und zum Raube, und alle ihre Kostbarkeiten werden fortgenommen und verborgen." Man vergleiche daselbst auch die Klage des R. Amitai bar Schefatja, ein italienischer Synagogaldichter, der am Anfang des 12. Jahrhunderts lebte. (Siehe Landshuth, Amude Ha-Aboda S. 46): אזכרה אלהים ואהמיה בראותי כל עיר על תלה בנויה ועיר האלהים משפלת עד שאול תחתיה. „Ich gedenke, o Gott, und klage. Ich sehe jede Stadt auf ihrem Hügel erbaut, aber die Gottesstadt bis zur tiefsten Tiefe erniedrigt."

90. 79, 17—19. Man hôhgemâc an friunden kranc,
daz ist ein swacher habedanc,
baz gehilfet friundschaft âne sippe.

Diese Zeilen, sowie das ganze Gedicht, dem sie angehören, basiren auf Sprüche Salomons 18,24: „Freunde soll man hochschätzen, ein treuer Freund steht mehr bei als ein Bruder."

91. 79, 25—28. Swer sich ze friunde gewinnen lât
und ouch dâ bî die tugende hât
daz er sich âne wanken lât behalten,
des friundes mac man gerne schône walten.

Einen ähnlichen Gedanken drückt folgender Satz aus: כל אהבה שהיא תלויה בדבר בטל דבר בטלה אהבה. ושאינה תלויה בדבר אינה בטלה לעולם. „Jede Liebe, die an einer Sache hängt, hört auf, wenn die Sache aufhört, wenn sie aber nicht an der Sache hängt, da hört sie niemals auf." (Abot 5,16.)

92. 80, 6. 7. Swer der mâze brechen wil ir strâze,
dem gevellet lihte ein enger pfal.

Aehnliches drückt der talmudische Ausspruch aus: תפסת מרובה לא תפסת תפסת מועט תפסת. „Wenn du zuviel erfassest, so hast du gar nichts erfasst, wenn du wenig erfassest, so hast du etwas erfasst."

93. 80, 17. 18. Swes er niht müge ûz geborgen
noch selbe erhabe, versage doch daz.

In diesem Gedicht predigt Walter Maasshalten im Geschenkgeben. Eine ähnliche Lehre findet sich im Talmud (Ketubot 50.): המבובו אל יבובו יותר מחומש שמא יצטרך לבריות „Wer freiwillig Spenden vertheilt, soll nicht mehr als den fünften Theil seines Vermögens verschenken, denn er könnte sonst selber hilfsbedürftig werden."

94. 81, 7—11. Wer steht den lewen? wer steht den risen?
wer überwindet jenen unt diesen?
daz tuot jener. der sich selber twinget
und allin siniu lit in huote bringet,
ûz der wilde in staeter zühte habe.

Dasselbe drückt der Satz aus: איזה גבור הכובש את יצרו „Wer ist ein Held? Derjenige, der seine Leidenschaft bezwinget. (Abot.) Wilmanns verweist hier auf Sprüche Salomons 16.32.

95. 81, 12. 14. Geligeniû zuht und schame vor gesten
mugen wol eine wîle erglesten:
der schîn nimt dra'e uf unt abe.

Aehnliche Gedanken sind in der Bibel zu finden. Vergl. auch den talmudischen Ausspruch: שקר אין לו רגלים „Die Lüge hat keine Füsse" (d. i. Bestand, Grundlage).

96. 81, 23—30. Swelch man wirt âne muot ze rich,
wil er ze sêre striuzen sich
uf sine rîchheit; so wirt ze hêre.
ze rîch und zarm die leschent beide sêre
an sumelîchen liuten rehten muot.

> swa übric richeit zühte slucket
> und übric armuot sinne zucket,
> da dunket mich enwederz guot.

Folgende Sätze bilden die Grundlage dieses Gedichtes: „Gieb mir weder Armuth noch Reichthum, gieb mir mein erforderliches Brod. Wenn ich mich übersättige, so könnte ich leugnen und sprechen: Wer ist Gott? Oder, wenn ich zu arm würde, so könnte ich mich an fremdem Gute vergreifen, und mich vergreifen an dem Namen Gottes." (Sprüche Sal. 30, 8. 9.)

97. 81, 31—36. Diu minne ist weder man noch wîp,
> si hât noch sêle noch den lîp,
> sie gelichet sich dekeinem bilde.
> ir nam ist kunt, si selbe ist aber wilde,
> unde enkan doch nieman âne sie
> der gotes hulden niht gewinnen.

Die Minne in diesem Liede ist nicht die gewöhnliche sinnliche, sondern die geistige. Wilmanns bemerkt hierzu (Ausgabe S. 309): „Walther hat in diesem und dem folgenden Spruch die himmlische Minne im Auge".

Man vergleiche hierzu Hiob 28, 20.23: „Woher kommt die Weisheit, und wo ist der Ort der Vernunft? Sie ist verborgen vor den Augen aller Lebenden, und verhohlen vor den Vögeln unter dem Himmel. Die Unterwelt und der Tod sprechen: Mit unseren Ohren haben wir ihren Ruf vernommen. Gott kennt ihren Weg und weiss ihren Ort." Anstatt der Weisheit setzt der Dichter die geistige Liebe.

98. 82, 24—26. Owê daz wîsheit unde jugent,
> des mannes schoene noch sîn tugent,
> niht erben sol, sô ie der lîp erstirbet.

Im Talmud wird die Frage über die directe Vererbung von Weisheit und Tugend ebenfalls berührt: מפני מה אין מצויין ת״ח לצאת תלמידי חכמים מביניהן. אמר רב יוסף שלא יאמרו תורה ירושה היא להם „Warum sind Söhne von Weisen nicht ebenfalls Weise? Es spricht Rab Josef: Damit sie nicht sagen, die Lehre sei ihr Erbe" (um welches sie sich sonst nicht mehr bemühen müssen). (Nedarim 81. Vergl. Raschi zur Stelle.)

99. 83, 9. 10. Mich riuwet dîn wol redender munt unt dîn vil
süezer sanc.
daz die verdorben sint bî mînen zîten.

Eine ähnliche Todtenklage findet sich im Talmud: הפה שהפיק מרגליות יחכך עפר, „Der Mund, der Perlen ausströmte, der soll Staub essen".

100. 83, 14—16. Swâ der hôhe nider gât
und ouch der nider an hôhen rât
gezucket wirt, dâ ist der hof verirret.

Vergl. Prediger 10,6: „Der Thor sitzt in grossen Würden und die Reichen weilen in der Niedrigkeit".

101. 83, 20. 21. Wes stên die hôhen vor den kemenâten?
sô suln die nidern umb daz rîche râten.

Vergl. Prediger 10,7: „Ich sah Knechte auf Rossen, und Fürsten wie Knechte auf der Erde gehen".

102. 83, 22—26. Swâ den gebrichet an der kunst, seht da tuent
si nicht mê
man daz siz umbe wertent an ein triegen:
daz lêren si die Fürsten, unde liegen.
die selben brechent uns diu reht und stoerent
unser ê.

Pfeiffer bemerkt hierzu (Ausgabe S. 238): „ê bedeutet altherkömmliches Recht und Gesetz". Man vergleiche Prediger 5,7: „Siehst du Bedrückung des Armen und Beraubung des Rechtes und der Gerechtigkeit im Lande, so wundere dich nicht darüber, denn ein Oberer ist über den Hohen als Hüter gesetzt, und über beide noch Höhere".

103. 87, 9. 10. Hüetent iuwer zungen:
doz zimt wol dien jungen.

נצור לשונך מרע. „Hüte deine Zunge vor Bösem."

104. 91, 17. 20. Junger man, wis hôhes muotes
dur diu reinen wol gemuoten wip,
fröwe dich libes unde guotes,
unde wirde dînen jungen lip.

In der Liedergruppe, welcher dieses Gedicht angehört, wendet sich der Dichter von der tändelnden Minne weg, um das sittenreine eheliche Glück zu preisen. Sehr richtig bemerkt Wilmanns: „Auch den Widerspruch zwischen dem Minnedienst und den sittlichen Anschauungen liess Walther nicht unbemerkt, und obschon er im ganzen die hergebrachten Formen schonte, nimmt man doch das Bestreben wahr, ihre bedenklichen Folgen zu umgehen. In demselben Cyclus, dem die Lieder der niedern Minne angehören, bezeichnet er die Frau, der er seinen Dienst widmet, ausdrücklich als ein ledic wip (47,24), und in einer Gruppe von Liedern, die zu den ältesten gehören, stellt er den Besitz eines Weibes als das letzte Ziel des Werbens hin, und dem entsprechend wünscht er 98,12 eine Vereinigung mit der Geliebten, gegen die keine Merker und keine Hut etwas einzuwenden hätten. Die tougenminne ist damit überwunden." (Leben und Dichten Walthers von der Vogelweide S. 181.)

Zu den obigen Strophen stimmt folgender Satz: „Geniesse das Leben mit einem Weibe, das du liebst alle Tage deines eitlen Lebens, die er dir gegeben

hat unter der Sonne, alle Tage deines eitlen Lebens;
denn das ist dein Theil im Leben und in deiner
Mühe, die du hast unter der Sonne". (Prediger 9.9.)

105. 91, 21. 22. Ganzer fröide hâst dû niht,
sô man die werdekeit von wibe an dir niht siht.

Dasselbe lehren die Rabbinen: אמר ר׳ תנחום אמר
ר׳ חנילאי כל יהודי שאין לו אשה שרוי בלא שמחה בלא
ברכה בלא טובה. „Es spricht R. Tanchum im Namen
des R. Chanilai: Derjenige, der ohne Frau ist, der
ist ohne Freude, ohne Segen, ohne Glück". (Jebamot 62.)

106. 92, 21—24. Ich weiz wol daz diu liebe mac
ein schoene wîp gemachen wol:
iedoch swelch wîp ie tugende pflac,
daz ist diu der man wünschen sol.

Aehnliches drückt folgender Satz aus: „Nichtig
ist die Lieblichkeit und eitel ist die Schönheit, ein
Weib, das Gott fürchtet, die soll gelobt werden".
(Sprüche Sal. 31,30.)

107. 93, 1—3. Waz ist den fröiden ouch gelîch,
dâ liebez herze in triuven stat,
in schoene, in kiusche, in reinen siten?

Aehnliches lehrt der Talmud (Sabbath 25): איזה עשיר
כל שיש לו אשה נאה במעשים. „Wer ist reich? Der eine
tugendschöne Frau besitzt."

108. 98, 34. Diu gnote wundet unde heilet.

Dieses ist eine biblische Redeweise. „Ich ver-
wunde und meine Hände heilen."

109. 102, 27. 28. Des hinket reht und trûret zuht und siechet schame
diz ist mîn klage.

Dieses ist eine den Propheten geläufige Mahnung,
„Das Recht weicht zurück, und die Gerechtigkeit
steht in der Ferne, denn die Wahrheit strauchelt auf
der Strasse und die Geradheit kann nicht kommen."
(Jesajas 59, 14.)

110. 103, 13—28. Swa guoter hande wurzen sint
in einem grüenen garten
bekliben, die sol ein wîser man
niht lâzen unbehuot.
er sol in spilen vor als ein kint
mit ougenweide zarten.
dâ lît gelûst des herzen an,
und gît ouch hôhen muot.
sî boese unkrût dar under,
daz breche er ûz besunder
(lât erz, daz ist ein wunder)
und merke ob sich ein dorn
mit kündekeit dar breite,
daz er den furder leite
von sîner arebeite:
sist anders gar verlorn.

Dieses Lied von dem Gärtner, der den Garten von Dornen säubert, damit die guten Kräuter gedeihen, gemahnt an Jesajas 5, 1.2: „Ich will nun meinem Freunde ein Lied singen, ein Lied meines Freundes von seinem Weinberge; mein Freund hatte einen Weinberg auf einem fetten Hügel. Er umzäunte ihn und reinigte ihn von Steinen, bepflanzte ihn mit edlen Reben, und baute in ihm einen Thurm, auch einen Kelter baute er in ihm aus, und hoffte, dass er Trauben bringen wird, aber er brachte Heerlinge."

111. 110, 20. 21. Ich hân den muot und die sinne gewendet
an die reinen, die lieben, din guoten.

Diese und die folgenden Strophen gehören Gedichten an, die im 4. Buche der Lachmann'schen Ausgabe stehen. Es ist nicht gewiss, ob dieselben von Walther herrühren, sie haben jedoch solche Autoren zu Verfassern, die im Geiste Walthers gedichtet haben.

Lachmann schreibt hierüber (S. 213): „Dass nur Eine Strophe dieses Buches von Walther sei, ist wenigstens äusserlich nicht zu beweisen. Die alten Sammlungen AB (D) a haben nichts davon, kein anderer Dichter erwähnt irgend eine Stelle daraus."
„Den naiven Wettstreit um die Länge zwischen Blumen und Klee 114, 28 musste Walther sich selbst abgeborgt haben, wenn das Lied Muget ir schowen S. 51 sein ist und nicht vielmehr Leutolds von Seven. Auf keinen Fall verleugnet sich hier Walthers Schule, der vor allen Andern der von Singenberg angehört etc., J. Grimm." (Das.) Die obigen Zeilen klingen, wegen der Häufung der Kosennamen, wiederum an das Hohelied an: „Du hast mir das Herz genommen, meine Schwester, meine Braut." (4,9.)

112. 110, 26. Und ir rôther munt, der sô lieplichen lachet.

„Wie eine rothe Schnur sind deine Lippen und dein Reden lieblich." (Das. 4,3.)

113. 112, 3. 4. Müeste ich noch geleben daz ich die rôsen
mit der minneclîchen solde lesen.

„In Gärten zu weiden und Rosen zu brechen" (Das. 6,2).

114. 112, 13—16. Sît man übel âne vorhte tuot,
sît man triuwe milte zuht und êre
wil verpflegen sô sêre,
sô verzaget an fröiden maneges muot.

Vergl. Jesajas 24, 4.5: „Es trauert und welkt das Land, es schmachtet und welkt die Welt, es trauern die Höchsten des Landes. Die Erde vergeht unter ihren Bewohnern, denn sie haben die Lehren übergangen, das Gesetz überschritten, den ewigen Bund gebrochen."

115. 120, 2. Ich mûese ir vingerzeigen liden

Dieser Ausdruck ist auch ein biblischer: שלח אצבע
ודבר און. „Mit dem Finger zeigen und Unrecht reden."
(Das. 58.10.)

116. 122, 4—6. Mîn ouge michl wunder siht,
diez wirs verdienen kunnen vil den ich,
daz den sô schoene heil geschiht.

Vergl. Hiob 21,7: „Warum leben denn die Bösen, werden alt und gewinnen viele Güter?" ·

117. 122, 18. 1!. Nû müeze got erwenden unser arebeit.

Aehnliche Ausrufe sind in der Bibel vorhanden. (Psalm 123,3). חננו ד׳ חננו. „Sei uns gnädig o Gott, sei uns gnädig!"

Druckfehler-Berichtigung.

Nr. 78, Zeile 2, wandel statt mandel
Nr. 89, Zeile 10, wurden statt werden